22
ORTE

22 ORTE IN DÄNEMARK
DIE DU SEHEN MUSST

FOTOS PÁLL STEFÁNSSON
TEXT ELIZA REID

NATIONAL GEOGRAPHIC

INHALT

1. BORNHOLM

2. AMALIENBORG

3. DER TIVOLI

4. DIE KANÄLE VON KOPENHAGEN

5. DIE KLEINE MEERJUNGFRAU

6. JÆGERSBORG DYREHAVE

7. DER DÄNISCHE *KRO*

8. LOUISIANA

9. SCHLOSS KRONBORG

10. DOM ZU ROSKILDE

11. MØNS KLINT

12. ODENSE

13. SÜDFÜNEN

14. TÅSINGE

15. MØGELTØNDER

16. RØMØ

17. RIBE

18. LEGOLAND

19. JELLING

20. AARHUS

21. LIMFJORD

22. SKAGEN

BORNHOLM

Der Ort. Die Insel Bornholm liegt südlich von Schweden in der Ostsee. Mit dem Boot oder Flugzeug gelangt man einfach von Dänemark, Schweden, Deutschland oder Polen auf die Insel.

Wie sieht die Insel aus? Im Norden wird Bornholm von dramatischen Felsformationen dominiert, die sich zur Inselmitte hin in eine Wald- und Wiesenlandschaft verwandeln und im Süden und Osten schließlich in Sandstrände übergehen. Am beliebtesten ist der Balka-Strand. Geologisch betrachtet ist Bornholm der älteste Teil Dänemarks, woraus die stolzen Inselbewohner kein Geheimnis machen. Die Insel ist der einzige Ort im dänischen Königreich, in dem es Fußspuren von Dinosauriern gibt.

Räucherfisch. Das traditionelle Gericht auf Bornholm ist geräucherter Hering. Überall auf der Insel gibt es Räuchereien, in denen das „Silber des Meeres" durch Feuer und Rauch in das „Gold des Meeres" verwandelt wird. Jeder sollte den Hering nach Bornholmer Art probiert haben: frisch aus dem Ofen, die Haut mit den Fingern abgezogen, dazu Salz, Radieschen und ein rohes Eigelb.

Was gibt es zu sehen? Die Insel weist einige hübsche Beispiele mittelalterlicher Architektur auf, zum Beispiel vier Rundkirchen, die durch ihre Form und einzigartige Kunst bestechen. Noch eindrucksvoller sind die Ruinen der Burg Hammershus, der größten mittelalterlichen Befestigungsanlage in Nordeuropa und ein Zeugnis der früheren politischen und militärischen Bedeutung Bornholms. Die Ruinen liegen 74 Meter über dem Meeresspiegel an der Nordspitze der Insel. Die Festung wurde Anfang des 13. Jahrhunderts errichtet und diente König Waldemar II. von Dänemark vermutlich als Königssitz. Außerdem war sie im Mittelalter Ausgangspunkt der dänischen Eroberungszüge durch die Ostseeregion.

Der berühmte Sohn von Nexø. Im Alter von acht Jahren zog der dänische Junge Martin Andersen mit seiner Familie in den Ort Nexø auf Bornholm. Den Ortsnamen machten die Andersens später zum Teil ihres Familiennamens. Zwischen 1906 und 1910 schrieb Martin Andersen Nexø den vierbändigen Roman „Pelle der Eroberer" über einen Jungen, der mit seinem Vater von Schweden nach Bornholm auswandert, um dort ein besseres Leben zu haben. Der dänische Regisseur Bille August verfilmte 1987 den ersten Band auf der Insel Bornholm und gewann damit die Goldene Palme der Filmfestspiele von Cannes, den Golden Globe und schließlich auch den Oscar für den besten fremdsprachigen Film. Das Haus der Familie ist heute ein Museum.

1

2

AMALIENBORG

Der Ort. Amalienborg ist ein Gebäudekomplex aus vier identischen Rokokopalästen in Kopenhagen, die einen achteckigen Hof säumen. Im Zentrum des Hofes steht eine monumentale Reiterstatue des Erbauers von Amalienborg, König Frederik V.

Wer lebt hier? Amalienborg ist die offizielle Stadtresidenz von Königin Margrethe II. und Prinz Henrik, die seit ihrer Hochzeit 1967 im südöstlichen Palast, dem Palais Christian IX. (oder Palais Schack), wohnen. Im kürzlich renovierten nordöstlichen Palais Frederik VIII. (oder Palais Brockdorff) wohnen Kronprinz Frederik, seine Frau Mary und ihre vier Kinder. Im Sommer zieht es die königliche Familie aufs Land.

Kommt man hinein? Das südwestliche Palais Christian VII. (oder Palais Moltke) ist gelegentlich für die Öffentlichkeit zugänglich. Es wird seit 1885 als Gästehaus für prominente Besucher, für Empfänge oder zeremonielle Anlässe genutzt. Auch hier haben immer wieder Mitglieder der Königsfamilie gewohnt, während ihre jeweiligen Residenzen renoviert wurden. Von 1971 bis 1975 wurde im Palais ein kleiner Kindergarten eingerichtet und später ein Schulzimmer für Kronprinz Frederik und seinen Bruder Prinz Joachim.

Wann wurde Amalienborg erbaut? Die vier Paläste wurden ursprünglich in den 1750er Jahren als Stadthäuser für ausgesuchte Adelsfamilien geplant, denen die Grundstücke kostenlos überlassen wurden. Als die königliche Residenz Christiansborg 1794 niederbrannte, kaufte der König die Paläste und zog ein. Über die Jahre haben verschiedene Könige und Königinnen in den vier Palästen gewohnt, die sowohl die Namen ihrer ersten als auch der nachfolgenden Bewohner tragen: Palais Schack/Palais Christian IX.; Palais Moltke/Palais Christian VII.; Palais Brockdorff/ Palais Frederik VIII.; Palais Levetzau/Palais Christian VIII.

Die königliche Leibgarde. *Den kongelige livgarde* ist ein Infanterieregiment der dänischen Armee und dient als ständige Wache in Amalienborg. Gelegentlich steht sie auch vor der Sommerresidenz der Königin, Schloss Fredensborg, oder anderen königlichen Residenzen. Die Paradeuniform der königlichen Leibgarde ist dunkelblau mit einer schwarzen Bärenfellmütze. Die Leibgarde paradiert jeden Tag um 11.30 Uhr von Schloss Rosenborg durch die Straßen von Kopenhagen zur Wachablösung auf dem Hof von Amalienborg um 12 Uhr.

Amaliehaven. Die Grünanlage zwischen den Palastgebäuden von Amalienborg und einem ehemaligen Hafen erstreckt sich über zwei Ebenen und wurde 1983 vom belgischen Landschaftsarchitekten Jean Delogne entworfen. Von hier hat man einen wunderbaren Blick auf die neue königliche Oper von Kopenhagen.

3

DER TIVOLI

Der Ort. Der Tivoli im Zentrum von Kopenhagen ist einer der bekanntesten Vergnügungsparks überhaupt. Mit mehr als 4,5 Millionen Besuchern jährlich gehört er zu den beliebtesten Themenparks der Welt. Er wurde 1843 eröffnet und ist damit weltweit der zweitälteste Park dieser Art.

Ein strategischer Zug. «Wenn sich die Leute vergnügen, denken sie nicht an Politik.» Mit diesen Worten überzeugte Georg Carstensen Christian VIII., ihm zur Gründung des Tivoli einen fünfjährigen Nutzungsvertrag zu gewähren und so von den politischen Spannungen zwischen dem König und den liberaldemokratischen Bewegungen des 19. Jahrhunderts abzulenken. Der König überließ Carstensen rund 61 000 Quadratmeter Grund außerhalb der Stadtmauern.

Eine unendliche Geschichte. Der Tivoli bot von Anfang an eine Vielzahl von Attraktionen. Im Park verteilen sich Gebäude im pseudo-orientalischen Stil, ein Freilufttheater und eine moderne Konzerthalle, Musikpavillons, Restaurants und Cafés, Blumengärten, Achterbahnen, Autoscooter und eine Miniatureisenbahn, um nur einige zu nennen. Der Tivoli wird ständig erweitert, ohne dabei seinen ursprünglichen Charme zu verlieren. Ganz im Sinne des Gründers Carstensen, der einmal sagte: «Der Tivoli wird niemals fertig sein.» Seine Worte wurden ein Jahrhundert später von Walt Disney aufgegriffen, der nach einem Besuch im Tivoli über seinen eigenen Themenpark sagte: «Disneyland wird niemals ganz fertig sein, solange es noch Fantasie auf der Welt gibt.»

Strauss des Nordens. Der bekannteste der vielen Künstler, die die bezaubernde Atmosphäre des Tivoli geprägt haben, ist wahrscheinlich Hans Christian Lumbye. Er war von 1843 bis 1872 der musikalische Direktor im Tivoli. Viele seiner Stücke, die stark von den Wiener Walzerkomponisten jener Zeit beeinflusst waren, widmete er dem Leben im Tivoli. Sie trugen Titel wie „Ein Gruß an den Kartenverkäufer vom Tivoli“ oder „Eine festliche Nacht im Tivoli“. Die Musik von Lumbye wird im Tivoli noch immer gespielt, vom Sinfonieorchester des Parks und dem Tivoli-Musikkorps, einem Orchester mit Jungen im Alter von 8 bis 16 Jahren in der Uniform der königlichen Ehrengarde, einschließlich Bärenfellmütze.

Hinter den Pfauenfedern. 1874 wurde das Pantomimentheater eröffnet, wahrscheinlich die Show im Tivoli, die heute den Ursprüngen des Parks noch am nächsten kommt. Das Publikum steht vor einer Freilichtbühne mit einem mechanischen Vorhang in Form eines Pfauenschwanzes. Die Pantomime orientiert sich an der italienischen Commedia dell’Arte mit den klassischen Charakteren der Liebenden, Harlekin und Kolumbine, dem ärgerlichen Vater und dem ungeschickten Diener Pierrot. Das Schauspiel wird von einem Orchester begleitet.

4

DIE KANÄLE VON KOPENHAGEN

Alte Verkehrswege. Die schmalen Wasserstraßen zwischen den Inseln und Inselchen, auf denen Kopenhagen ursprünglich entstand, bildeten lange Zeit den Handelshafen der Stadt.

Eine neue Rolle. Der Name Kopenhagen ist Ausdruck seiner wirtschaftlichen Bedeutung. „Der Hafen der Kaufleute" war mehrere Jahrhunderte lang eines der geschäftigsten und wichtigsten Handelszentren in Nordeuropa. In den letzten Jahren hat der alte Hafen seine traditionelle Funktion verloren und sich rundum erneuert. Heute geht es in dem Gebiet mit seinen offenen Plätzen, Gärten und modernen Gebäuden entlang der Kanäle um Tourismus, Freizeit und Kultur.

Rundfahrten. Die beste Perspektive auf die Kanäle und den alten Hafen hat man vom Wasser aus, entweder bei einer Fahrt mit einem der gelben Hafenbusse oder mit einem der Sightseeingboote, die durch die Kanäle schippern.

Was gibt es zu sehen? Eine Bootstour durch den Hauptkanal bietet schöne Blicke auf die Stadt, mit Christianshavn auf der einen Seite und dem dänischen Parlament auf der anderen. Man kommt an der kleinen Meerjungfrau vorbei, der neuen Königlichen Oper und der Königlichen Bibliothek („Der schwarze Diamant") – beides großartige Beispiele moderner Architektur vom Ende des 20. Jahrhunderts. Weiter westlich auf der Insel Brygge liegt der Volkspark Havneparken. Auch mit dem Fahrrad kann man die Kanäle erkunden und ihre besondere Mischung von alter Architektur und moderner Atmosphäre erleben. Das Wasser ist so sauber, dass man in den Kanälen sogar schwimmen kann.

Die Königliche Oper. Das moderne, herausragende Gebäude auf der Insel Holmen gegenüber von Schloss Amalienborg ist das neue nationale Opernhaus Dänemarks. Es ist eine Schenkung der A. P. Møller und Chastine Mc-Kinney Møller Stiftung an den dänischen Staat und wurde von dem Architekten Henning Larsen entworfen. Das 2005 eröffnete Opernhaus gehört zu den modernsten weltweit, ist aber auch eines der teuersten, das je gebaut wurde.

Drei Tage feiern. Jedes Jahr im August lädt der *Kulturhavn* (Kulturhafen) zu drei Tagen mit Tanz, Musik, Theater, Artisten und Sportveranstaltungen an die Kanalufer Kopenhagens. Der Eintritt zum Festival ist frei.

DIE KLEINE MEERJUNGFRAU

Die Statue. Die kleine Bronzestatue auf einem Felsen an der Uferpromenade Langelinie im Kopenhagener Hafen ist 125 Zentimeter groß, wiegt rund 175 Kilogramm und wurde vom dänischen Bildhauer Edvard Erikson geschaffen. Am 23. August 1913 wurde sie enthüllt und ist seitdem zu einem Wahrzeichen der Stadt geworden.

Aus einer Ballerina wird eine Meerjungfrau. Die Statue wurde 1909 von Carl Jacobsen, dem Sohn des Gründers der Carlsberg-Brauerei, in Auftrag gegeben. Er war fasziniert von dem Ballett, das auf dem Märchen „Die kleine Meerjungfrau" von Hans Christian Andersen beruhte, und fragte die Primaballerina Ellen Price, ob sie Modell für die Statue stehen könnte. Der Kopf der Statue wurde denn auch nach dem Vorbild von Price geformt, aber die Primaballerina wollte nicht nackt posieren, weswegen die Ehefrau des Bildhauers, Eline Eriksen, für den Körper Modell stand.

Das berühmte Märchen. 1837 veröffentlichte der dänische Autor und Dichter Hans Christian Andersen sein Märchen über eine junge Meerjungfrau, die bereit ist, ihr Leben im Meer für eine menschliche Seele und die Liebe zu einem Menschen aufzugeben. Als sie 15 Jahre alt wird, darf sie endlich an die Wasseroberfläche und sich die Welt dort ansehen. Sie sieht einen schmucken Prinzen auf einem Schiff und verliebt sich aus der Ferne in ihn. Um die Liebe eines Menschen gewinnen zu können, nimmt sie einen Zaubertrank, der ihr Beine verleiht, ihr im Gegenzug aber die Stimme raubt. Auf ihren neuen Beinen erleidet sie schreckliche Schmerzen, kann das Herz des Prinzen aber nicht gewinnen.

Die Meerjungfrau im Film. 1989 produzierte Walt Disney Pictures „Arielle, die Meerjungfrau", der auf dem Andersen-Märchen basierte. Der Film stand am Anfang der sogenannten Disney-Renaissance und war der letzte Disney-Zeichentrickfilm, der noch handgezeichnet war.

Eine Meerjungfrau auf Reisen. Die Stadtverwaltung schickte die Statue 2010 zur Expo nach Shanghai, wo sie im dänischen Pavillon ausgestellt wurde. Es war das erste Mal, dass die Figur von ihrem Standort entfernt wurde, seit sie dort knapp ein Jahrhundert zuvor aufgestellt worden war.

Opfer des Vandalismus. Die kleine Meerjungfrau wurde schon mehrfach beschädigt. Es lässt sich nur erahnen, weswegen, denn meist gibt es keine Zeugen. Ein Grund könnte in der großen Symbolkraft liegen, die sie für die dänische Kultur erlangt hat.

6

JÆGERSBORG DYREHAVE

Der Ort. Ein Waldpark nördlich von Kopenhagen, der sich über rund elf Quadratkilometer erstreckt und vor allem für seine riesigen, uralten Eichen und seinen großen Rotwildbestand bekannt ist.

Wie kommt man hin? Einfach geht es mit der Bahn aus Kopenhagen bis zum Bahnhof Klampenborg, in dessen Nachbarschaft einer der beliebtesten Eingänge zum Park, das Klampenborg Tor, liegt. Alle Eingänge zum Park sind durch ein auffälliges rotes Tor gekennzeichnet und durch identische Torhäuser, in denen die Parkwächter wohnen.

Gut geschützt. Im Gegensatz zu kommerziell genutzten Wäldern wird im Naturwald des Jægersborg-Hirschparks auf die natürliche Entwicklung der Bäume geachtet. Alte Bäume werden nur gefällt, wenn sie zur Gefahr für die Menschen werden. Die etwa 2100 Hirsche und Rehe können sich im größten Teil des Parks frei bewegen. Es gibt wenige Ausnahmen, wie Fortunens Indelukke und andere kleinere Gebiete, wo junge Bäume vorübergehend durch Zäune geschützt werden.

Der einsame Palast. Die Geschichte des Hirschparks beginnt 1670, als König Christian V. ehrgeizige Pläne für den Park, den sein Vater gegründet hatte, entwickelte. Als junger Prinz hatte er den Hof Ludwigs XIV. in Frankreich besucht und dort die Jagd mit Hunden kennengelernt. Er wollte sie nach Dänemark bringen und benötigte dafür eine ausgedehnte Fläche Land, was die Größe des Parks erklärt. 1736 war der Bau des Eremitage-Schlosses in der Mitte des Parks abgeschlossen und bot den adeligen Jägern Unterschlupf. Es war nie als herrschaftlicher Wohnsitz gedacht, sondern wurde ausschließlich für königliche Bankette während der Jagdsaison genutzt.

Der älteste Vergnügungspark der Welt. Der beliebteste Ort im Jægersborg-Hirschpark ist Dyrehavsbakken (Hirschparkhügel), der älteste Freizeitpark der Welt. Mit 2,5 Millionen Besuchern jährlich liegt er in der dänischen Besuchergunst hinter dem Tivoli auf Platz zwei. Die Geschichte des Parks führt zurück ins Jahr 1583, als Kirsten Piil, über die wenig bekannt ist, eine Quelle entdeckte. Die Menschen glaubten, dass das Wasser heilende Kräfte besäße und zogen in Scharen zur Quelle. Bald darauf hatten sich auch Unterhaltungskünstler, fliegende Händler und Gastwirte niedergelassen. Heute werden verschiedene Vergnügungen für Jung und Alt angeboten. Der Eintritt ist frei, dafür kosten die Fahrten in den fünf Achterbahnen und anderen Attraktionen. Zu den klassischen Angeboten gehört Pierrot, der Clown, der jeden Tag vor Kindern auftritt.

7

DER DÄNISCHE *KRO*

Was ist ein *kro?* Das dänische Gasthaus oder *kro* ist eine kulturelle Institution und eines der Hauptmerkmale der dänischen Provinz. Im *kro* kommt alles zusammen, was man gemeinhin als typisch dänisch bezeichnen würde: eine warme, einladende Atmosphäre, Lebensfreude, gutes Essen und Respekt vor den Traditionen.

Die 15-Meilen-Regel. Im 17. und 18. Jahrhundert wuchs die politische Macht der dänischen Könige, was eine Vielzahl großer, zentral gesteuerter Projekte nach sich zog. Dazu gehörte auch der Ausbau des Straßennetzes, das Kopenhagen mit den entlegensten Orten im Reich verbinden sollte. Auf Befehl des Königs wurden entlang der königlichen Straßen im Abstand von 15 dänischen Meilen (etwa 30 Kilometer) außerdem Gasthäuser errichtet. Dies war die Strecke, die Pferde ohne Pause bewältigen konnten. Die Wirte erhielten königliche Privilegien, die ihnen die Konkurrenz vom Hals hielt. Auf diese Weise entstand nach und nach ein Netzwerk aus *kroer* (Plural von *kro*), in denen Reisende überall entlang der dänischen Straßen ein anständiges Essen, gutes Bier und ein warmes Bett finden konnten.

Der *kro* von heute. Heute kommt es eher selten vor, dass Reisende noch einen Rastplatz für ihr Pferd suchen. Dennoch haben überraschend viele der ursprünglichen Gasthöfe ihren Gastbetrieb bis heute aufrechterhalten können. Die meisten sind in Jütland und auf den Inseln westlich des Großen Belts zu finden. Manchmal sind sie das einzige Hotel oder Gasthaus in der Gegend. Viele der bekanntesten *kroer* standen entlang der Hauptstraße von und nach Kopenhagen, wie Krebshuset bei Sorø auf Seeland, in dem H. C. Andersen ein regelmäßiger Gast war. Andere sind inzwischen Gourmetrestaurants, die mit Michelinsternen ausgezeichnet wurden, wie Søllerød Kro in Holte auf Seeland, oder haben sich den Ruf einer exzellenten Küche erarbeitet, wie Falsled Kro in einem Fachwerkhaus mit reetgedecktem Dach bei Faaborg im Süden von Fünen.

Der Geist des *kro.* Im Gegensatz zu den anderen skandinavischen Nationen haben die Dänen eine gehobene Esskultur entwickelt. Unverkennbar sind ihre Bemühungen, eine entspannte und angenehme Atmosphäre zu schaffen. Nur wenige Orte in Dänemark repräsentieren die feine Lebensart so unmittelbar wie die *kroer* in Dänemark. Die meisten hoch- und mittelklassigen Restaurants und Hotels bauen bei Gastlichkeit und Geschmack auf die dänische Tradition und bemühen sich um ein erinnerungswürdiges Erlebnis für ihre Gäste. Einer dieser Orte ist Den Gule Cottage, eine versteckte Perle auf Seeland, nördlich von Kopenhagen. Das ehemalige Spa ist heute ein Restaurant, das sich an den guten Werten des *kro* orientiert.

LOUISIANA

Der Ort. Ein Museum für moderne Kunst direkt am Øresund, 35 Kilometer nördlich von Kopenhagen, und das beliebteste Museum Dänemarks.

Welche Kunst ist zu sehen? Die Sammlung des Louisiana umfasst mehr als 3000 Kunstwerke von internationaler Bedeutung. Die Werke von Künstlern wie Pablo Picasso, Alberto Giacometti, Yves Klein, Asger Jorn, Anselm Kiefer und Per Kirkeby stammen alle aus der Zeit nach 1945. Die Sammlung wird ständig ergänzt, um noch bestehende Lücken zu füllen. In den letzten Jahren sind vermehrt Werke wichtiger junger Künstler hinzugekommen.

Welche Idee steckt dahinter? Im Louisiana soll das Zusammenspiel von visueller Kunst, Architektur und Landschaft eine speziell dänische Umgebung formen und einen besonderen Ort für Kunst der Nachkriegszeit schaffen. Seit Mitte der 1960er Jahre hat sich die bis dahin überwiegend dänische Sammlung auch internationalen Künstlern geöffnet. Es ist nicht das Ziel, die gesamte Epoche chronologisch abzubilden, sondern sich auf einzelne Gruppen von Werken und Künstlern zu konzentrieren, um dem Besucher tiefere Einblicke zu gewähren. Darüber hinaus gibt es regelmäßig Sonderausstellungen von höchstem Rang.

Der Skulpturengarten. Auf dem Grundstück rund um das Museum wurde ein Skulpturengarten angelegt, in dem Werke bekannter Künstler, wie Jean Arp, Max Ernst, Louise Bourgeois, Joan Miró und Henry Moore stehen. Man kann den Skulpturengarten von den Innenräumen aus betrachten, aber auch durch den Garten wandeln und das Zusammenspiel von Kunst, Wiesen, Bäumen und Meer hautnah erleben.

Wie fing alles an? Das Louisiana Museum of Modern Art wurde 1958 von Knud W. Jensen gegründet, dem das Grundstück gehörte. Er nahm Kontakt zu zwei dänischen Architekten auf, die mehrere Monate das Grundstück erkundeten, um zu entscheiden, wie ein Neubau sich am besten in die Landschaft einfügen würde. Ursprünglich bestand das Museum aus drei Gebäuden, die über verglaste Gänge miteinander verbunden waren. Inzwischen ist es mehrfach erweitert worden, sodass die Gebäude nun einen kreisförmigen Rundgang bilden. Das Museum verdankt seinen Namen dem Landhaus aus dem 19. Jahrhundert, das auf dem Grundstück stand und nach den drei Frauen des Vorbesitzers benannt wurde – alle drei hießen Louise.

8

MY HOME
USE
5
22
336
94

9

SCHLOSS KRONBORG

Der Ort. Eines der größten Renaissanceschlösser Nordeuropas in der Nähe von Helsingør an der nordöstlichsten Spitze von Seeland, wo die Entfernung über den Øresund nach Schweden am kürzesten ist. Im Jahr 2000 wurde Schloss Kronborg in die Liste des Unesco-Weltkulturerbes aufgenommen.

Eine Perle der nordeuropäischen Renaissance. In den 1420er Jahren baute der dänische König Erik von Pommern die mächtige Festung, um die Meerenge zur Ostsee zu kontrollieren und durchfahrende Schiffe mit einem Wegezoll zu belegen. Der Sundzoll machte im 16. und 17. Jahrhundert bis zu zwei Drittel des dänischen Staatseinkommens aus und wurde bis 1857 erhoben. Zur Durchsetzung der Forderung standen auf beiden Seiten der Meerenge, in Helsingør und im schwedischen Helsingborg, Kanonen bereit. Seinen aktuellen Namen erhielt Kronborg 1585, als König Frederik II. hier ein herrliches Renaissanceschloss errichten ließ, das sowohl in seiner Erscheinung als auch in seiner Größe einzigartig für Europa war. 1629 wurde das Schloss von einem Feuer zerstört, von dem nur die Kapelle verschont blieb. König Christian IV. baute das Schloss wieder auf, modernisierte es und stattete es mit reichen Barockverzierungen aus. Die Eroberung des Schlosses durch die Schweden 1658 zeigte, dass Kronborg nicht uneinnehmbar war. Ende des 17. Jahrhunderts wurde deshalb das Kronwerk gebaut, ein vorgesetztes Verteidigungswerk mit mehreren Bastionen, und kurz darauf weitere Festungswälle. Nach deren Fertigstellung galt Kronborg als stärkste Festung Europas. 1739 übernahm die Armee die Verwaltung von Kronborg und nutzte die Festung bis 1923 teilweise als Gefängnis.

Hamlets Schloss. Die Figur des Hamlet tauchte erstmals vor über 800 Jahren in dem dänischen Geschichtswerk „Gesta Danorum“ von Saxo Grammaticus auf. Die Legende wurde über die Jahrhunderte in verschiedenen Versionen weitererzählt, bis Shakespeare um 1600 sein berühmtes Stück „Die Tragödie von Hamlet, Prinz von Dänemark“ schrieb. Er verewigte damit den legendären Prinzen aus Saxos Legende und das Schloss Kronborg als „Elsinore“, den Ort der Handlung.

Das Hoftheater. „Hamlet“ wurde erstmals 1816 zum 200. Todestag von Shakespeare in Kronborg aufgeführt. Die Schauspieler waren damals Soldaten der Schlossgarnison. Bis 1937, als Sir Laurence Olivier die Hauptrolle spielte, gab es nur unregelmäßige Vorstellungen im Schloss. Seitdem sind hier einige der besten Schauspieler der Moderne aufgetreten: John Gielgud, Richard Burton, Derek Jacobi und aktuell Jude Law – um nur einige zu nennen.

10

DOM ZU ROSKILDE

Der Ort. Eine mittelalterliche Kathedrale im Zentrum von Roskilde, 30 Kilometer westlich von Kopenhagen. Bis 1920 war sie die einzige Kathedrale auf Seeland, seit 1995 gehört sie zum Unesco-Weltkulturerbe.

Wann wurde sie gebaut? Die Arbeit am Dom begann um 1170, kurz nachdem die Dänen gelernt hatten, wie man Backsteine brennt. Der Bau war die erste Backsteinkirche Nordeuropas und leitete die Verbreitung des Baustils im Norden ein. Die Kirche wurde von Bischof Absalon gegründet, der in der zweiten Hälfte des 12. Jahrhunderts der führende Politiker und Kirchenherr Dänemarks war. Von seinem ursprünglichen Kirchenbau im romanischen Stil gibt es keine Überreste. Im 13. Jahrhundert eroberte die Gotik Nordeuropa und bestimmte die Architektur des Doms. 1280 war der Bau bis auf die beiden Türme fertiggestellt. Vollendet war er erst 1405.

Grabstätte der Könige. Vor der Reformation war Roskilde das Zentrum der katholischen Kirche Dänemarks mit einem Erzbischof und über 100 Priestern, die im Dom Messen abhielten. Nach 1536 war der Bischof gezwungen, seinen Sitz nach Kopenhagen zu verlegen. Dafür wurde der Dom zur Grablege der dänischen Könige. Der Leichnam von Margrete I. war bereits 1413, ein Jahr nach dem Tod der Königin, in den Dom verlegt worden. Als königliches Mausoleum wurde der Dom über die Jahrhunderte erweitert und verändert, um die zahlreichen Grabkapellen unterzubringen.

Gegen die Tradition. Als König Frederik IX. 1972 starb, wurde sein Sarg zunächst in der Kapelle seines Urgroßvaters beigesetzt. Es war jedoch der Wunsch des Königs, an einem Ort außerhalb des Doms mit Blick auf den Fjord von Roskilde bestattet zu werden. Zu Lebzeiten war er ein leidenschaftlicher Seemann mit enger Verbindung zur Marine. Um den Wunsch zu erfüllen, wurde 1985 die erste königliche Grabstätte außerhalb des Doms eingeweiht, aber erst 2000 nach dem Tod seiner Gattin Königin Ingrid, die neben ihm begraben liegt, wurde sie endgültig versiegelt. Das Grab ist mit wildem Wein und Pflanzen aus dem ganzen Königreich bewachsen.

Nicht das Museum verpassen! In der ersten Etage über der Kapelle mit dem Grab von König Christian I. befindet sich ein Museum – ein verborgenes Schmuckstück des Doms, das die Geschichte von Roskilde seit dem frühen Mittelalter bis heute erzählt.

11

MØNS KLINT

Der Ort. Die Insel Møn am südöstlichen Zipfel von Seeland ist eines der beliebtesten Touristenziele Dänemarks, vor allem wegen ihrer eindrucksvollen Kalksteinwand Møns Klint, der herrlichen Landschaft, der Sandstrände und der alten Marktstadt Stege.

Wie kommt man hin? Møn ist über die 1943 erbaute malerische Dronning Alexandrines Bro (Königin-Alexandrinen-Brücke) mit der Stadt Kalvehave auf Seeland verbunden. Im Westen führt der Weg über die Inseln Bogø und Farø, wo eine Brückenanbindung und Schnellstraße nach Seeland und Falster besteht.

Was gibt es zu sehen? Møn ist vor allem für die Schönheit seiner Natur und seine Sandstrände, zum Beispiel im Norden bei Ulvshale und Råbylille an der Südküste, bekannt. Kunstfreunde sollten sich die alten, mit Kalkmalereien verzierten Kirchen nicht entgehen lassen, vor allem nicht die mittelalterliche Fanefjord-Kirche mit frisch restaurierten Kalkmalereien aus dem Jahr 1450. Malereien dieser Art finden sich auch in der ältesten Kirche der Insel, in Elmelunde. Die Kirche in Damsholte gehört zu den schönsten Rokokobauten Dänemarks und ist die einzige dänische Dorfkirche in diesem Stil. Im Ort Damme gibt es ein Edelsteinmuseum, und ein Museum in der Nähe von Keldbylille stellt das Leben auf einem Bauernhof in Møn im letzten Jahrhundert nach. Auf der Insel verteilen sich verschiedene Ganggräber aus der Stein- und Bronzezeit, die die lange Zeit der Besiedlung belegen. Der älteste und wohl eindrucksvollste Grabhügel ist Grønsalen in der Nähe der Fanefjord-Kirche, aus der Zeit von etwa 3500 v. Chr. Kong Asgers Høj ist eines der größten Ganggräber Dänemarks und über 4000 Jahre alt. Es wurde vollständig ausgegraben und kann auch betreten werden.

Die Klippen von Møn. Ein auffälliges Wahrzeichen und die größte Touristenattraktion der Insel sind die hellen Kalksteinklippen entlang der Ostküste von Møn, die sich über sechs Kilometer vom Park in Liselund im Norden zum Leuchtturm im Süden erstrecken. Einige der Klippen fallen steile 120 Meter ins Meer hinab. Die Klippen und der angrenzende Park sind Naturschutzgebiet. Vom Wanderweg auf den Klippen hat man einen grandiosen Ausblick auf die Ostsee, und an zahlreichen Stellen führen Stufen zum Strand hinunter. 2007 wurde ein geologisches Museum eröffnet, in dem mithilfe von interaktiven Computeranimationen und einigen Angeboten für Kinder die Geologie Dänemarks und die Entstehung der Kalksteinklippen erklärt werden.

12

ODENSE

Der Ort. Die drittgrößte Stadt Dänemarks und die Hauptstadt der Insel Fünen. Wie der Name schon andeutet – *Odins vi* bedeutet „Odins Heiligtum" –, ist die Stadt eine der ältesten Dänemarks. 1988 feierte sie ihr 1000-jähriges Bestehen. Odense ist das Wirtschaftszentrum von Fünen und aufgrund der zentralen Lage auch ein wichtiges Messe- und Kongresszentrum.

Was gibt es zu sehen? Der Dom von Odense ist ein eindrucksvolles historisches Denkmal. Der gotische Backsteinbau beherbergt eines der schönsten Altarstücke Dänemarks, das von dem deutschen Bildhauer Claus Berg geschaffen wurde. Im 13. Jahrhundert wurde die von 1081 bis 1093 errichtete Kirche umgebaut und Sankt Knuds Kirke genannt, nach dem Schutzheiligen Dänemarks König Knut, der 1086 während eines Aufstands in Odense erschlagen wurde. Klassik-Liebhaber sollten einen Abstecher in das Carl-Nielsen-Museum machen, das dem großen Komponisten (1865–1931) gewidmet ist, der in Odense aufwuchs und internationalen Ruhm erlangte. Viele seiner Musikstücke sind von Erinnerungen an seine Kindheit auf Fünen inspiriert.

Postindustrielles Leben. Eine weitere interessante Sehenswürdigkeit ist das Kulturzentrum Brandts im Zentrum der Stadt. Es war ursprünglich eine Textilfabrik und der größte Arbeitgeber von Odense. Das Unternehmen überlebte die Ölkrise und die Inflation in den 1970er Jahren nicht. Die Debatte, ob das leerstehende Gebäude erhalten oder abgerissen werden sollte, endete damit, dass zwei Geschäftsleute einen Plan für eine Rekonstruktion vorlegten. Heute gibt es hier moderne Appartements, mehrere Museen, Restaurants, Cafés und Theater. Die ehemalige Textilfabrik ist zum Mittelpunkt des Kulturlebens von Odense geworden. Übriggeblieben ist der alte Schornstein der Fabrik, der heute wie ein Obelisk des Industriezeitalters mitten auf der Straße steht.

In den Fußstapfen des hässlichen Entleins. Im Herzen der autofreien Altstadt liegt eines der ersten Museen der Welt, das einem Schriftsteller gewidmet wurde. Das Hans Christian Andersen Museum im Haus seiner Kindheit in der Bangs Boder 29 wurde 1908 gegründet und befasst sich mit Leben und Werk des großen Dichters und Märchenerzählers. Besucher können sich ein Bild von den Lebensumständen des kleinen Hans Christian machen, dem Sohn eines armen Schuhmachers, und seinen schwierigen Weg zum Ruhm verfolgen: den Umzug nach Kopenhagen, sein Debüt als Autor, seine Erfolge bis zu seinem Tod 1875. Seine kreative Vielfalt lässt sich an den ausgestellten Zeichnungen und Scherenschnitten erkennen. Die Ausstellung zeigt außerdem Zeugnisse des weltweiten Ruhms seiner Werke, die in über 150 Sprachen übersetzt wurden und Stoff für Filme, Theaterstücke, Ballette und Zeichentrickfilme lieferten.

13

SÜDFÜNEN

Der Ort. Südfünen erstreckt sich über die südliche Hälfte der Insel Fünen und die Dänische Südsee, seit Jahrhunderten eine geschäftige und wichtige Seefahrtregion. Die Hauptzentren sind die Jacht- und Fährhäfen Svendborg und Faarborg.

Die Dänische Südsee. Der dänische Teil der Ostsee besteht aus über 55 grünen Inseln und Inselchen, die sich über das blaue und seichte Wasser verteilen. In dem milden Klima herrschen ideale Bedingungen für eine große Vielfalt an Pflanzen und Tieren. Teile der Region sind Vogelbrutgebiet und dürfen nicht betreten werden, andere wiederum empfindliche Lebensräume mit einer einzigartigen Flora und Fauna. Die Dänische Südsee ist aus diesem Grund zu einem internationalen Tierschutzgebiet erklärt worden.

Rauchiger Genuss. Die Skandinavier nutzen seit Jahrhunderten Feuer und Rauch, um Essen haltbar zu machen. Räucherkäse aus Fünen ist eine dieser nordischen Delikatessen, eine unverfälschte lokale Spezialität mit einer langen Geschichte, die bis in die Wikingerzeit zurückreicht. Nach der traditionellen Methode wird frischer Käse aus Dickmilch, der die Molke entzogen wurde, für 15 bis 20 Minuten über den Rauch brennenden Haferstrohs gehalten. Der Käse wird in vielen kleinen Restaurants auf der Insel Fünen angeboten – ein Leckerbissen, der meist mit Kümmel, Lauch, Salz und Pfeffer gewürzt zu Roggenbrot und Radieschen gereicht wird.

Segelausflüge. Am besten erkundet man die Gewässer südlich von Fünen mit dem Segelboot, oder man nimmt eine der vielen Fähren, die von Svendborg durch die Dänische Südsee zu den benachbarten Inseln fahren. Die historische Fähre M/S Helge verkehrt zwischen Mai und September von Svendborg zum herrlichen Schloss Valdemar auf der Insel Tåsinge. Zwar ist sie langsamer als ein Auto, bietet aber die landschaftlich schönste Route von Svendborg nach Tåsinge.

Einzigartige Inseln. Die größeren Inseln der Dänischen Südsee, wie Tåsinge und Langeland, sind mit Fünen durch Brücken verbunden. Zu den kleineren Inseln, wie Ærø, Drejø und Skarø, gelangt man nur mit der Fähre. Einige von ihnen haben etwas Besonderes zu bieten. Auf Langeland wurden 2003 Exmoor-Ponys ausgesetzt, die die Wiesen der Insel zum Wohle der am Boden brütenden Vögel abgrasen sollten. Dies erwies sich als Erfolg und die Ponys leben bis heute wild auf der Insel. Ærø zeichnet sich durch eine besondere Umweltpolitik aus. Auf der Insel gibt es die weltweit größte Solarzellenanlage und das größte Solarkraftwerk der Welt.

14

TÅSINGE

Der Ort. Eine kleine Insel südlich von Fünen mit einer Fläche von 70 Quadratkilometern und etwa 6000 Einwohnern.

Wie kommt man hin? Tåsinge erreicht man über eine Brücke, die von Svendborg auf Fünen den 1220 Meter breiten Svendborgsund überquert. Eine weitere Brücke verbindet Tåsinge mit der Insel Langeland, was den Inselverkehr erheblich vereinfacht. Wer die kleineren, bewohnten Inseln besuchen möchte, kann sich auf regelmäßig verkehrende Fähren verlassen.

Valdemars Slot. Von 1639 bis 1644 ließ König Christian IV. auf Tåsinge ein Herrenhaus für seinen Sohn Waldemar errichten, der aber nie dort lebte. Das Herrenhaus ist das größte Schlossmuseum Dänemarks, mit unzähligen Kunstwerken und Antiquitäten, einer enormen Trophäensammlung sowie einem Spielzeug- und Segelbootmuseum.

Ein Held der Seefahrt. Das Schloss ist seit Ende des 17. Jahrhunderts im Besitz der Familie Juel oder Iuel-Brockdorff, einer der ältesten Adelsfamilien Dänemarks. Die Familie lebt noch in dem Schloss, öffnete es aber 1974 für Besucher. Das berühmteste Mitglied der Familie, Admiral Niels Juel, kaufte das Schloss 1677 von König Christian V., kurz nachdem er in der Bucht von Køge bei Ostjütland die schwedische Flotte besiegt hatte. Die Seeschlacht in der Bucht von Køge gilt als der größte Sieg in der Geschichte der dänischen Marine. Niels Juel manövrierte taktisch so geschickt, dass er die weit überlegene schwedische Flotte überlisten konnte. Die Dänen konnten acht Kriegsschiffe der Schweden entern, und Niels Juel hatte ein Anrecht auf zehn Prozent der Beute. Der König war gerade etwas knapp bei Kasse und beglich seine Schulden mit dem Verkauf von Valdemars Slot an den Seehelden zu einem Vorzugspreis.

Insel der Liebe und des Todes. Die dänisch-norwegische, 20-jährige Seiltänzerin Elvira Madigan verliebte sich während einer Vorstellung in Kristianstad in den schwedischen Kavallerieoffizier Sixten Sparre. Der war leider verheiratet und Vater zweier Kinder, also brannten sie gemeinsam nach Dänemark durch. Die leidenschaftliche Liebesgeschichte endete bei einem Picknick im Nørreskov (Nordwald) auf der Insel Tåsinge. Nach ihrem letzten Mahl am 20. Juli 1889 erschoss Sixten Sparre Elvira und dann sich selbst. Ihr Grab auf der Insel wird von Liebenden aus aller Welt besucht. Weltweiten Ruhm erlangte das Paar 1967 durch die Verfilmung der Geschichte durch Bo Widerberg. Zur Musik des Films „Elvira Madigan“ gehört das Andante aus Mozarts Klavierkonzert Nr. 21, das daher manchmal einfach „Klavierkonzert Elvira Madigan“ genannt wird.

Æblehaven

MØGELTØNDER

Der Ort. Ein winziges Dorf, nur wenige Kilometer von der deutschen Grenze entfernt. Der Ort ist stolz auf eine der idyllischsten Straßen Dänemarks, die Slotsgade (Schlossstraße).

Königliche Atmosphäre. In der Nähe von Møgeltønder liegt eine der königlichen Residenzen Dänemarks, Schloss Schackenborg. Mitte des 17. Jahrhunderts gingen das Schloss und die umliegenden Ländereien in den Besitz der Adelsfamilie Schack über. Mit dem Geschenk wurde die Tapferkeit von General Hans Schack belohnt, der im Winter 1658–59 Kopenhagen erfolgreich gegen die Angriffe der schwedischen Armee verteidigte, die über den zugefrorenen Øresund bis an die Stadtmauern vorgedrungen waren. 1978 wurde der Besitz an die dänische Königsfamilie zurückgegeben. Schackenborg wurde nach der Hochzeit von Prinz Joachim und seiner ersten Frau Alexandra vollständig renoviert. Die Ehe wurde zwar geschieden, aber Joachim hat Møgeltønder die Treue gehalten und seine zweite Frau, Marie, in der Dorfkirche geheiratet.

Was gibt es zu sehen? Die hübsche Slotsgade erinnert an die Zeit, als die Familie Schack das Gut übernahm und entlang der Straße zum Herrenhaus kleine Häuser für ihre Arbeiter errichten ließ. Auch wenn die Häuser nicht mehr alle aus dem 17. Jahrhundert stammen, blieb die ursprüngliche Atmosphäre der Kopfsteinpflasterstraße erhalten. Von Linden gesäumt blühen im Sommer die Rosenstöcke an den Häusern und kleinen Cafés. Letztere werden nur in der warmen Jahreszeit betrieben, so wie Mormors Lille Café (Omas kleines Café) mit seiner südjütländischen Spezialität, Roggenbrottorte.

Königliche Kirche. In Møgeltønder steht die größte Dorfkirche Dänemarks, die wegen ihrer Verbindung zur Königsfamilie alle Dänen kennen. Die Familie Schack betrachtete sie als ihre Privatkirche und unterstützte den Bau und Erhalt mit großen Summen, einschließlich einer großzügigen Spende für die Orgelpfeifen. Die Orgel wurde 1679 eingeweiht und ist heute die älteste Kirchenorgel Dänemarks, die noch gespielt wird.

Die deutschen Jahre. Zwischen 1864 und 1920 war Møgeltønder ein deutscher Ort. Im zweiten deutsch-dänischen Krieg von 1864 wurden die Dänen von der österreichisch-preußischen Armee vernichtend geschlagen. Die Dänen mussten die Herzogtümer Holstein und Schleswig an die Preußen abtreten, auch wenn der dänische Teil von Südjütland streng genommen nicht Teil von Schleswig war. Mit dem Vertrag von Versailles nach Ende des 1. Weltkriegs wurden die Grenzen wieder verschoben, mehr oder weniger entlang der Sprachgrenze zwischen der deutschen und dänischen Bevölkerung, und Südjütland wurde 1920 wieder ein Teil Dänemarks.

15

16

RØMØ

Der Ort. Eine Insel im Wattenmeer, westlich von Südjütland, und die zehntgrößte Insel Dänemarks. Sie hat eine Fläche von 130 Quadratkilometer.

Wie kommt man hin? Rømø ist über einen neun Kilometer langen Damm mit dem dänischen Festland verbunden und damit schnell und einfach zu erreichen. Außerdem gibt es eine Fährverbindung zur nur drei Kilometer entfernten Insel Sylt.

Wie viele Menschen leben hier? Etwas weniger als 700 Menschen bewohnen die Insel dauerhaft. Sie ist aber ein beliebtes Touristenziel und im Sommer entsprechend gut besucht.

Was ist das Reizvolle an der Insel? Die endlosen Strände von Rømø sind ein wahrer Besuchermagnet, sowohl im Sommer als auch im Winter. Zu den beliebtesten Touristenangeboten gehören die Sightseeingtouren, gefolgt vom Rømø-Jazzfestival und den bunten Drachenwettbewerben im September.

Was gibt es zu sehen? Die Insel hat einige Sehenswürdigkeiten. Die Inselkirche wurde ursprünglich um 1200 n. Chr. erbaut und im 17. und 18. Jahrhundert erweitert, als der Walfang Geld auf die Insel brachte. Die Kirche ist nach dem Schutzheiligen der Seefahrer, Sankt Clemens, benannt. Im Inneren stehen viele Schiffsmodelle, die von Seefahrern und Schiffseignern als Zeichen der Dankbarkeit und Ergebenheit gespendet wurden. Der Hof des Kommandeurs (Kommandøgården) ist ein ansehnliches Beispiel für einen gut gehenden Hof des 18. Jahrhunderts. In der Nähe liegt die Schule von Toftum aus dem Jahr 1784. Die Dorfschule hat nur einen Klassenraum, in dem die Kinder der Insel bis 1874 unterrichtet wurden. Der Rektor war immer ein pensionierter Kapitän, der zwar zu alt für die See war, aber noch jung genug, den Kindern Disziplin beizubringen.

Eine von vielen. Dänemark hat rund 406 Inseln, aber nur 70 sind bewohnt, weil die Menschen in den letzten Jahren vermehrt in die Städte zogen. Auch die Anzahl der Inseln selbst schwankt. Es gibt Inseln, die künstlich von Menschen geschaffen wurden. Andere entstehen auf natürlichem Wege durch Bodenablagerungen, sind aber weniger „haltbar" als die größeren Inseln aus Moränen und verschwinden manchmal auch wieder, wie zum Beispiel Jordsand in der Nähe von Rømø im Wattenmeer. Dokumente aus dem Jahr 1231 belegen, dass die Insel damals eine Größe von 2000 Hektar hatte. Nach einer Reihe heftiger Stürme schrumpfte sie im 13. Jahrhundert auf 41 Hektar, und 1895 war von der Insel nichts mehr übrig.

17

RIBE

Der Ort. Die Bewohner von Ribe behaupten mit Stolz, in der ältesten Siedlung Dänemarks zu wohnen. Jüngste archäologische Ausgrabungen belegen, dass sie recht haben. Der Handel an den Ufern des Flusses Ribe florierte schon in der frühen Wikingerzeit um 700 n. Chr. Dass Ribe eines der ersten Zentren des Christentums in Skandinavien war, ist schon länger belegt. Der Ort ist mit seinen Kopfsteinpflasterstraßen und Fachwerkhäusern ausgesprochen idyllisch und erzählt viel über die Wikingergeschichte Dänemarks.

Ein Ort, den die Zeit vergessen hat. Ribe ist ganz sicher einer der entzückendsten und hübschesten Orte Dänemarks. 1580 zerstörte ein Brand den größten Teil der Stadt. In den vier Jahrhunderten nach dem Wiederaufbau veränderte sich an der äußeren Gestalt des Zentrums aber kaum noch etwas. Seine Blütezeit erlebte Ribe im Mittelalter, als die Stadt zu den wichtigsten Kulturzentren Dänemarks gehörte. Ende des 17. Jahrhunderts schwand die wirtschaftliche Bedeutung als Handelszentrum, vor allem weil der Flusshafen zunehmend versandete.

Die Wikingerzeit erleben. Ribe ist stolz auf seine Vergangenheit als Wikingerdorf. Im Stadtzentrum können im Wikingermuseum archäologische Ausgrabungen aus der Gegend besichtigt werden. Etwas außerhalb liegt das Ribe VikingeCenter, wo Besucher die Vergangenheit sehen, hören und schmecken können. Auf dem Freiluftgelände stehen rekonstruierte Häuser aus dem 8. Jahrhundert, als Ribe zu einem wichtigen Handelsstandort heranwuchs, neben anderen mittelalterlichen Gebäuden, wie einem großen Hof aus dem 10. Jahrhundert mit einem traditionellen Langhaus der Wikinger. Alle Mitarbeiter kleiden sich mittelalterlich, üben sich in alten Kampftechniken, kochen Gerichte aus der Zeit und versuchen so, eine Atmosphäre zu schaffen, die dem frühen Ribe nahekommt. Häuser, Kleidung und selbst die Waffen orientieren sich an archäologischen Forschungsergebnissen und sind, soweit möglich, originalgetreue Nachbauten.

Zwei Türme. Aus der südjütländischen Landschaft ragen, schon von Weitem sichtbar, die zwei Türme des Doms von Ribe hervor. Der größere der beiden ist kein gewöhnlicher Kirchturm, auch wenn er Teil des Kirchengebäudes ist. Er wirkt robuster und ihm fehlt die Spitze, denn er wurde im 14. Jahrhundert als Bürgerturm gebaut, um vor Feinden und Flutwellen zu warnen. Flutwellen stellten über Jahrhunderte eine ernsthafte Bedrohung für die Stadt dar. Mitte des 17. Jahrhunderts kamen Tausende Menschen bei Überschwemmungen um. Einige Teile des Doms gehören zu den wenigen Überresten der Romanik in Dänemark. In dem eindrucksvollen mittelalterlichen Denkmal liegen außerdem mehrere Könige begraben.

LEGOLAND

Der Ort. Ein Vergnügungspark in Billund, einer kleinen Stadt in Südjütland, der 1968 gegründet wurde – als erster von fünf Parks dieser Art.

Wie beliebt ist er? Seit seiner Eröffnung sind über 40 Millionen Gäste durch den Park gepilgert, 2011 waren es 1,7 Millionen. Damit ist Legoland die größte Touristenattraktion Dänemarks außerhalb von Kopenhagen.

Im Land der Legosteine. Im Herzen von Legoland Billund liegt „Miniland", eine Miniaturwelt mit Orten und Gebäuden aus aller Welt, die aus 20 Millionen Legosteinen aufgebaut wurde. Das Erfolgsgeheimnis von Legoland beruht vor allem auf seiner Verbindung zur kindlichen Welt der Spiele und Fantasie. So bietet „Duplo Land" Fahrgeschäfte und Spielmöglichkeiten für die ganz Kleinen. In der „Imagination Zone" gibt es das Lego Studio, ein 4-D-Theater mit 600 Plätzen, Special Effects und einer riesigen Leinwand. „Legoredo Town" ist ganz im Stil des Wilden Westens gehalten, und „Adventure Land" richtet sich mit seiner X-Treme-Racers-Achterbahn an Abenteuerlustige. Die Drachenbahn gehört zum „Knight's Kingdom" und startet im Inneren einer Burg mit einer Reise durch die geheimnisvolle Welt des Mittelalters. Neu hinzugekommen ist „Penguin Bay", eine Fantasiewelt, in der Nord- und Südpol vereint werden. Neben echten Pinguinen gibt es „Polar Pizza & Pasta".

Die Magie des Plastiks. Die Lego-Bausteine und -elemente werden von dem Billunder Unternehmen Lego Group hergestellt. Die Fabrik liegt direkt neben dem Erlebnispark. Zum Aushängeschild der Firma, dem Legostein, kommen verschiedene Figuren und anderes Zubehör. Aus Legosteinen kann man nicht nur Autos und Häuser bauen, sondern sogar funktionierende Roboter. Die geniale Erfindung eroberte bald die Welt und machte Lego zu einer der bekanntesten Marken unserer Zeit.

Wer hatte die Idee? 1932 begann Ole Kirk Christiansen, ein Tischler in Billund, Spielzeug aus Holz herzustellen. Zwei Jahre später nannte er sein Unternehmen Lego, nach der Redewendung *leg godt,* was so viel wie „spiel gut" bedeutet. 1949 begann Lego mit der Produktion der berühmten Steine, wenig später auch aus Kunststoff. Anfangs mussten Christiansen und sein Sohn die Zweifel der Kunden ausräumen, ob das Plastikspielzeug qualitativ mit Holzspielzeug mithalten könne. Doch es kam der Tag, an dem die ganze Welt ihre Erfindung begeistert annahm.

Wie kommt man hin? Am schnellsten geht es mit dem Flugzeug zum Internationalen Flughafen Billund, inzwischen der zweitgrößte Flughafen Dänemarks.

18

JELLING

Der Ort. Ein Dorf mitten in Jütland, zehn Kilometer nordwestlich der Stadt Vejle, und berühmt für seine Fundstücke aus der Wikingerzeit: zwei königliche Runensteine, zwei Grabhügel und eine Schiffssetzung. Damit hat es der Ort 1994 auf die Unesco-Liste des Weltkulturerbes geschafft.

Die Runensteine von Jelling. Die Runensteine sind massive, beschriftete Felsen aus dem 10. Jahrhundert. Sie stehen auf dem Friedhof von Jelling zwischen zwei großen Grabhügeln. Den älteren der beiden Steine widmete König Gorm der Ältere seiner Frau Thyra, während der jüngere und größere Stein von Gorms Sohn, Harald Blauzahn, aufgestellt wurde. Mit dem Stein gedachte er seiner Eltern und feierte die Eroberung Dänemarks und Norwegens sowie die Christianisierung der ersten Dänen. Die Steine stehen für die Übergangszeit vom Heidentum zum Christentum im Norden und markieren die Gründung des Nationalstaats Dänemark.

Was sind Runen? Die Inschrift auf dem einen der beiden Runensteine besagt: «König Gorm errichtete dieses Denkmal in Erinnerung an Thyra, seine Frau, Dänemarks Zierde.» Um sie lesen zu können, muss man allerdings das Runenalphabet der Wikinger kennen, das jüngere Futhark. Es ersetzte im 9. Jahrhundert das etwas komplexere ältere Futhark und besteht aus nur 16 Zeichen. Rund 6000 Steine mit Runeninschriften dieser Art wurden in den nordischen Ländern bisher entdeckt. Die Steine in Jelling sind wahrscheinlich die berühmtesten.

Dem Wetter ausgesetzt. Nachdem die Steine über Tausende Jahre der Witterung ausgesetzt waren, zeigen sich inzwischen die ersten Bruchstellen. Unesco-Experten empfahlen deshalb, die Steine in eine Ausstellungshalle oder andere Schutzvorrichtung vor Ort zu verlegen, um weiteren Schaden zu vermeiden. Die dänische Denkmalschutzbehörde entschied jedoch, die Steine an ihrem derzeitigen Ort zu belassen, und errichtete dafür einen gläsernen Schutzbau, der Ende 2011 eingeweiht wurde.

Die Grabhügel. Die beiden Runensteine stehen zwischen zwei großen Grabhügeln. Der südliche Hügel stammt aus der Zeit um 970 n. Chr. und steht mit Königin Thyra in Verbindung. Er enthält allerdings kein Grab. Der nördliche Hügel ist etwas jünger und birgt eine leere Grabkammer, die wahrscheinlich für König Gorm den Älteren gedacht war. Zwischen den zwei Hügeln liegen die Überreste der weltweit größten Schiffssetzung aus der Wikingerzeit.

19

20

AARHUS

Der Ort. Aarhus liegt an der Ostküste der jütländischen Halbinsel und ist die zweitgrößte Stadt Dänemarks. Eine lohnenswerte Aussicht auf den Ort bietet sich vom Gebäude des Aarhus Kunstmuseum (ARoS). Auf einer kreisförmigen, begehbaren Installation des Künstlers Olafur Eliasson schaut man durch gefärbtes Glas auf die Stadt hinunter. Die Installation „Your rainbow panorama" entstand 2011.

Eine pulsierende Stadt. Aarhus besitzt den wichtigsten Hafen Dänemarks, der zugleich einer der größten Industriehäfen Nordeuropas ist. Die geschäftige Stadt ist außerdem ein bedeutender Universitätsstandort, mit rund 40 000 Studierenden aus allen Teilen des Landes. Mit der Zahl junger Menschen wächst auch das kulturelle Angebot der Stadt. Jedes Jahr gibt es hier eine Vielzahl von Festivals und Konzerten, darunter The Aarhus International Jazz Festival und die Festwoche von Aarhus (Aarhus Festuge), zwei der größten Kulturfestivals in Skandinavien.

Zurück in die Vergangenheit. Eine der eindrucksvollsten Sehenswürdigkeiten von Aarhus ist Den Gamle By (Die alte Stadt), ein Freiluftmuseum mit 75 historischen Gebäuden, die aus 20 verschiedenen Orten Dänemarks stammen. Jährlich kommen 3,5 Millionen Besucher in das Museum, das 1914 als das erste seiner Art weltweit eröffnet wurde. Die Gebäude formen ein kleines Dorf und stammen aus einem Zeitraum zwischen 1550 und dem Ende des 19. Jahrhunderts. Die Museumsangestellten bevölkern das Dorf in den Rollen historischer Bewohner und schaffen so die Illusion eines lebendigen Dorfes.

Besuch beim ältesten Einwohner. Interessant ist auch ein Abstecher zum Moesgaard Museum in Højbjerg, einem Vorort von Aarhus. Es zeigt zahlreiche Objekte aus der Geschichte Nordeuropas, wovon der denkwürdigste wohl der Grauballe-Mann ist, eine Moorleiche, die 1952 in der Nähe des Dorfes Grauballe in Jütland gefunden wurde. Es ist der Körper eines Mannes aus der Eisenzeit, der Ende des 3. Jahrhunderts v. Chr. lebte. Dem Mann wurde die Kehle durchgeschnitten, bevor man ihn ins Moor warf. Dort wurde der Körper über zwei Jahrtausende konserviert. Der Grauballe-Mann gehört zu den spektakulärsten Entdeckungen aus der Vorzeit Dänemarks.

21

LIMFJORD

Der Ort. Ein langer, seichter Sund, der sich durch den nördlichsten Teil der jütländischen Halbinsel von Thyborøn im Westen nach Hals im Osten zieht. Er ist etwa 180 Kilometer lang und verzweigt sich teilweise über eine große Fläche. Es gibt zahlreiche Buchten und Inseln, von denen die Insel Mors die größte ist. Die wichtigste Stadt ist Aalborg.

Eine lange Geschichte. Die Ufer des Limfjord sind seit mehreren Tausend Jahren besiedelt. In der Steinzeit ließen sich die ersten Menschen nieder, die ihre Toten unter Steinhügeln und in Ganggräbern aus Granitfelsen begruben. Eines der schönsten und wunderbar gelegen ist das Ganggrab in Lundehøj im südlichen Teil von Thy. Weitere interessante Orte sind das Ørslev-Kloster, das am besten erhaltene mittelalterliche Nonnenkloster Dänemarks, und die kleinste Kirche Dänemarks auf der Insel Venø in der Nähe von Struer. Das Limfjord Museum in Løgstør bietet einen hervorragenden Überblick über die Geschichte des Limfjords und seiner Umgebung.

Geologische Wunder. Die Moler-Klippen der Inseln Fur und Mors gehören zu den Naturwundern Dänemarks. Moler ist ein Sedimentgestein ähnlich dem Kieselgur, das aus fossilen Resten von Kieselalgen (Diatomeen) besteht. Die schalenartige Alge wird heute in der Industrie und der medizinischen Forschung genutzt. Die Moler-Klippen, Stolleklint und Knudeklint, an der Nordküste von Fur sind seit 2011 nationale Geotope von herausragender erdgeschichtlicher Bedeutung.

Wären Sie gerne ein Aal? «Wenn das Wasser im Limfjord goldenes Bier wär, wär ich liebend gern ein Aal», heißt es in einem alten dänischen Lied. Der Wunsch wird auf einer Tour durch den Limfjord wohl nicht erfüllt, aber das Gebiet rund um den Limfjord ist bekannt für seine Brauereien, und die sind einen Besuch wert. Auch wenn die Geschmäcker bekanntlich verschieden sind: Die Einladung, eines der leckeren Biere zu probieren, sollte niemand ausschlagen.

Kulinarische Köstlichkeiten. Die Austern des Limfjords sollen außerordentlich sein, sowohl in ihrer Größe als auch in ihrer Qualität. Dennoch ist der Limfjord vor allem für seine Miesmuscheln berühmt, die seit mehreren Jahrhunderten geerntet werden. Heute werden 50 000 bis 75 000 Tonnen Muscheln im Jahr an Land geholt. Die Muschelwirtschaft am Limfjord ist die erste weltweit, die MSC-zertifiziert ist, ein Siegel des WWF für nachhaltige Fischerei.

HS KARVEN NH

22

SKAGEN

Der Ort. Ein schmales Stück Land und eine Stadt mit 8500 Einwohnern am nördlichsten Ende der jütländischen Halbinsel. Im Westen liegt der nach dem Ort Skagen benannte Skagerrak und im Osten das Kattegat.

Warum ist er so zauberhaft? Skagen ist eine ausgesprochen malerische Gegend, in der sich die typischen gelben Häuser mit roten Ziegeldächern in die Strandlandschaft betten. 1890 wurde Skagen aus seiner Isolation gerissen, als die Eisenbahn eine Verbindung zu anderen Teilen Jütlands schuf und die Moderne in das einst entlegene Fischerdorf einzog. Eine befestigte Straße folgte allerdings erst in den 1940er Jahren.

Der Kampf gegen die Kräfte der Natur. An der Spitze des sandigen Kaps von Skagen kann man zusehen, wie die Wellen des Skagerraks auf die Wellen des Kattegatts treffen. Die Einwohner haben jahrhundertelang gegen die Kräfte der Natur gekämpft und die wandernden Dünen und die Versandung schließlich durch die großflächige Pflanzung von Schilf, Büschen und Tannen unter Kontrolle gebracht. Ende des 18. Jahrhunderts musste die alte Gemeindekirche dem vordringenden Sand überlassen werden. Heute ist die versandete Kirche (Den tilsandede kirke) eine eindrucksvolle Sehenswürdigkeit. Der Turm der Kirche ragt aus den Dünen heraus und wirkt wie ein Zeichen für Seefahrer.

Freudvolle Sommernächte. Die Mittsommernacht (Sankt Hans Aften) ist traditionell ein wichtiges Fest in Dänemark. Auch in Skagen versammeln sich Einwohner und Gäste zu einem großen Lagerfeuer und Gesang am Strand. Das Musikfestival von Skagen im Juli gehört zu den herausragenden Musikfestivals in Dänemark. Auf dem Programm stehen Folk-Rock, Weltmusik, Jazz und Blues.

Die Maler von Skagen. Im ausgehenden 19. Jahrhundert wurde die Stadt Skagen zu einer beliebten Sommerresidenz für Künstler. Am bekanntesten sind die Skagensmaler, eine Gruppe junger, unkonventioneller Skandinavier, die mit den strengen Formen des Akademischen Kunststils ihrer Zeit brachen und die Freilichtmalerei für sich entdeckten. Einige Maler waren vom Naturalismus beeinflusst und malten die Seeleute von Skagen mit ihren Familien. Andere ließen sich vom französischen Impressionismus inspirieren, wie zum Beispiel Michael und Anna Ancher und der Kopf der Gruppe, Peder Severin Krøyer, dessen berühmtes Gemälde „Sommerabend am Südstrand von Skagen mit Anna Ancher und Marie Krøyer" heute im Museum von Skagen hängt.

22 Orte im zauberhaften Dänemark, die man gesehen haben muss. Einige zählen zu den berühmtesten Sehenswürdigkeiten der Welt, andere sind nur Kennern vertraut, die ein Auge dafür haben, was an diesem Land so einmalig ist. Dänemark ist ein familienfreundliches Land, in dem Legoland, der Tivoli-Vergnügungspark und lange Sandstrände jede Menge Spaß für Groß und Klein versprechen. Es wartet außerdem mit wunderschönen Landschaften auf, einer reichen Geschichte und sehr gastfreundlichen Menschen. Diese 22 Orte sind nur ein Ausschnitt dessen, was Dänemark zu bieten hat, aber sie zeigen das Beste dieses Landes, von alten Schlössern und urigen Städtchen bis zur Märchenwelt von Hans Christian Andersen.

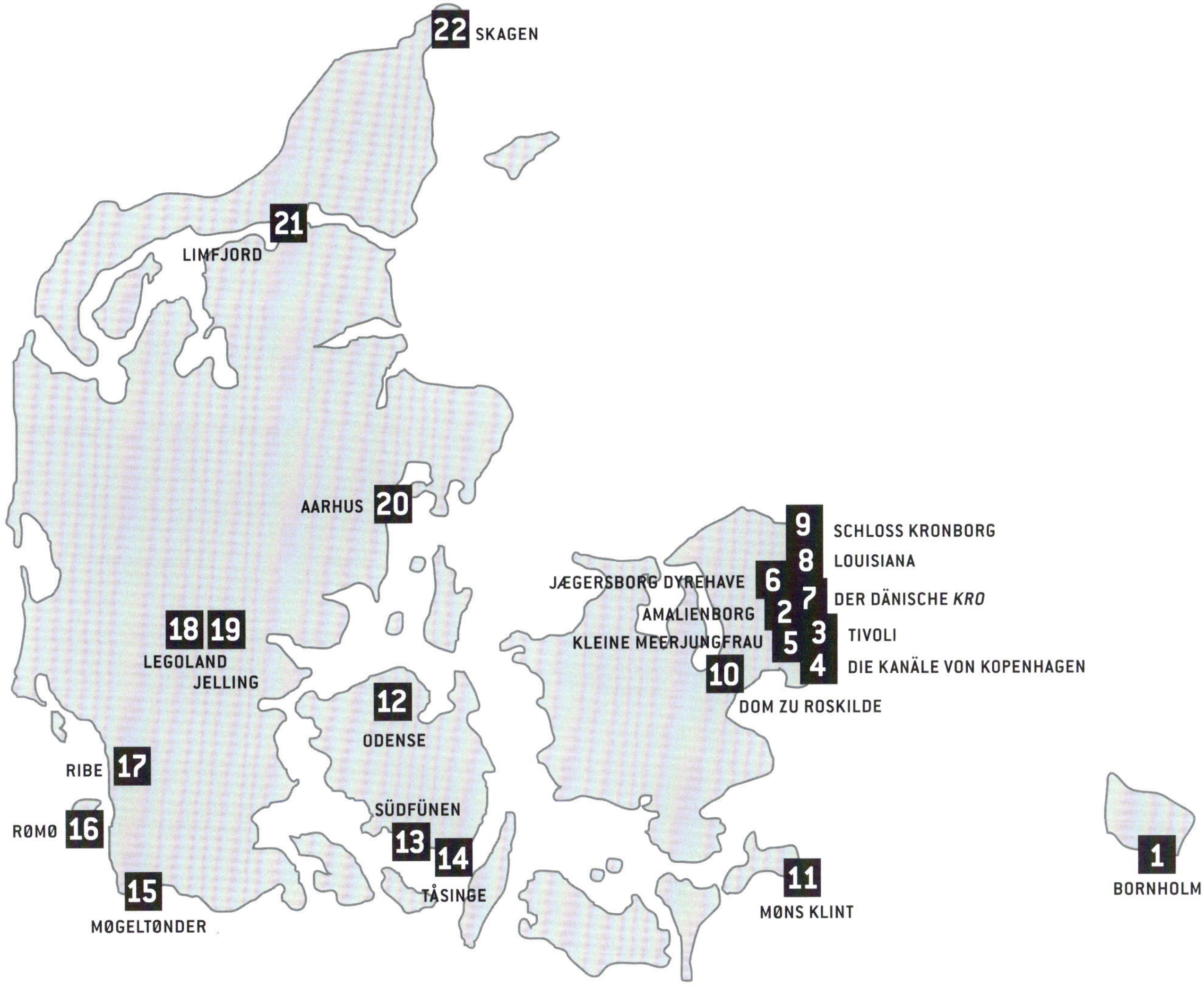
22 SKAGEN
21 LIMFJORD
20 AARHUS
9 SCHLOSS KRONBORG
8 LOUISIANA
6 JÆGERSBORG DYREHAVE
7 DER DÄNISCHE *KRO*
2 AMALIENBORG
3 TIVOLI
5 KLEINE MEERJUNGFRAU
4 DIE KANÄLE VON KOPENHAGEN
10 DOM ZU ROSKILDE
18 19
LEGOLAND
JELLING
12 ODENSE
17 RIBE
16 RØMØ
SÜDFÜNEN
13
14 TÅSINGE
15 MØGELTØNDER
11 MØNS KLINT
1 BORNHOLM

Impressum

Deutsche Ausgabe veröffentlicht von National Geographic Deutschland (G+J/RBA GmbH & Co KG), Hamburg 2012.

Titel der englischen Originalausgabe:
22 Places You Absolutely Must See in Denmark

Konzept: Crymogea
Fotos: Páll Stefánsson
Text: Eliza Reid
Layout: Snaefrid Thorsteins
Litho: Christopher Lund
Herstellung: Prentmidlun

Produktion der deutschen Ausgabe:
Bintang Buchservice GmbH, www.bintang-berlin.de
Valeska Henze, Übersetzung
Jessika Zollickhofer, Lektorat
Gritta Deutschmann, Satz

Umschlaggestaltung:
www.anjagrimmgestaltung.de (Gestaltung)
www.stephanengelke.de (Beratung)
Umschlagvorderseite: Kleine Meerjungfrau, Kopenhagen
Umschlagrückseite: Valdemars Slot auf der Insel Tåsinge
Fotografien von Páll Stefánsson

Printed in Poland
ISBN 978-3-86690-277-0

Die National Geographic Society, eine der größten gemeinnützigen wissenschaftlichen Vereinigungen der Welt, wurde 1888 gegründet, um «die geographischen Kenntnisse zu mehren und zu verbreiten». Sie unterstützt die Erforschung und Erhaltung von Lebensräumen sowie Forschungs- und Bildungsprogramme. Ihre weltweit mehr als neun Millionen Mitglieder erhalten monatlich das National Geographic-Magazin, in dem die besten Fotografen ihre Bilder veröffentlichen sowie renommierte Autoren aus nahezu allen Wissensgebieten der Welt berichten. Ihr Ziel: *inspiring people to care about the planet*, Menschen zu inspirieren, sich für ihren Planeten einzusetzen.

Die National Geographic Society informiert nicht nur durch das Magazin, sondern auch durch Bücher, Fernsehprogramme und DVDs.
Falls Sie mehr über National Geographic wissen wollen, besuchen Sie unsere Website unter www.nationalgeographic.de.